À la Poursuite du Rêve de mes Ancêtres

Histoire d'une Jeune Négresse en Mode Révolutionnaire

Auteur : Claude Louis, MD
Illustrateurs : Les enfants de Cité Soleil

Title : À la Poursuite du Rêve de mes Ancêtres
Catégorie : Livres pour enfants. Tranche d'âge : 9-13 ans
@Words In Action Publishing 2024

Tous droits réservés. Aucune reproduction de cet ouvrage, même partielle, quelque soit le procédé, impression, photocopie, microfilm et autre, n'est autorisée sans permission de l'auteur.

Auteur : Claude Louis, MD
Illustrateurs : Les enfants de Cité Soleil

ISBN: 978-1-962879-81-1 (hardcover)
ISBN: 978-1-962879-82-8 (paperback)
ISBN: 978-1-962879-83-5 (ebook)

Je dédie ce travail à tous les enfants d'Haiti. C'est par vous que le rêve de nos ancêtres renaîtra. Par le biais de l'éducation, d'un brin d'humanisme et de patriotisme, nous pouvons atteindre leur objectif.

Merci à tous mes profs d'histoire.

Merci à AFORC et aux illustrateurs.

Merci Marc Elie Saint Vil, Jean Adler Rousseau et le directeur du Lycée de Cité Soleil Olgé Merci.

Merci à Richarson Dorvil, J.J. Gabriel, Michelet Coriolant, Marlyse Montgomery et Perrette Saint-Preux.

Dans son discours d'occasion pour la rentrée des classes, directeur Fignolé disait que nous pouvons tout.

« Chaque enfant est précieux et possède un talent unique, même ceux-la qui, comme vous, viennent des bidonvilles », ajouta t-il.

Je levai la main et lui demandai :

- Qu'en est-il des enfants qui sont sans abris, ni parents ? Comment vont-ils profiter de ces dons sans une éducation, lorsqu'ils sont livrés à eux-mêmes ?

Directeur Fignolé, tout en souriant, m'a répondu :

- Françoise Péralte, le dicton ne ment pas : le fruit ne tombe jamais loin de l'arbre ! Nous savons tous ici de qui tu hérites ce don, toi. Toujours en mode révolutionnaire ! Tel arrière-grand-père, telle arrière-petite-fille ! J'ose rêver qu'avec vous tous, le changement viendra un jour. C'est vous l'avenir de ce pays que nous aimons tant.

Puis il a annoncé que l'équipe de débat venait de lancer le processus de recrutement pour l'année en cours.

Je m'appelle Françoise Péralte. Je vis à Cité Soleil. Je n'ai que douze ans, mais il y a tellement de rêves que je caresse.

Je rêve d'être chanteuse ou auteure-compositrice, pour décrire et chanter la vie des enfants des rues et des bidonvilles, partageant avec le reste du monde leur force et leur courage.

Je rêve tout aussi bien d'être avocate pour plaider en faveur de leurs droits car ils en ont aussi.

Je rêve de devenir médecin pour panser leurs blessures et soulager leurs souffrances.

Je caresse tout aussi bien le rêve d'être enseignant pour leur apprendre les bienfaits d'une bonne éducation, et les aider à réaliser leurs rêves.

Ont-ils la moindre idée de ce qu'ils sont en train de rater ? Dans un monde où les histoires inspirantes sont si nombreuses, quels personnages auraient pu devenir leurs modèles à travers la lecture ?

Savent-ils tout au moins qu'ils sont les descendants de reines et de rois ? Que même dans la pauvreté, ils demeurent les enfants des premiers combattants de la liberté ?

Peut-être qu'un jour je deviendrai la Présidente des Enfants, la faiseuse de rêves.

Au son de la cloche, pleine d'enthousiasme, j'ai couru à toutes jambes jusqu'à la maison.

- Maman, je peux être élue Présidente des Enfants. Mais d'abord, je dois devenir capitaine de l'équipe de notre école.

- Tu as raison, Frankie. Tu peux devenir tout ce que tu veux ! Mais c'est quoi une capitaine d'équipe ?

- C'est le leader de notre équipe de débat dans ce cas maman. Si nous gagnons la grande finale nationale, je serais élue d'office Présidente des Enfants.

- Mais quel est le rôle d'un Président des Enfants, Frankie ?

- Chaque année, un nouveau Président des Enfants est élu pour porter la voix de tous les enfants et les jeunes du pays. La plupart des enfants veulent le poste parce que ça offre certains avantages et des trucs "cools" comme visiter des parcs d'attractions, rencontrer des célébrités et passer à la télé. L'année dernière, le garçon qui a gagné a même pu rencontrer Cristiano Ronaldo.

- Wow ! C'est pas vrai ! Je vois pourquoi tu veux le poste. Tu en profiterais finalement pour rencontrer Naomi Osaka. Ce serait formidable !

- Maman, ce n'est pas une question d'intérêts personnels ! Je veux devenir Présidente des Enfants pour pouvoir intervenir auprès de nos dirigeants, leur faisant part de ce dont nous avons besoin dans les bidonvilles et ailleurs. Je veux contribuer à faire de ce pays un havre de bonheur pour tous les enfants et les jeunes, en particulier pour ceux qui n'ont pas de voix.

Ma mère m'a prise dans ses bras et a secoué la tête, stupéfaite. « Tu me rappelles tellement ton père, tu sais ! C'était un homme charitable avec un cœur incroyable. »

Le lendemain à l'école, Jean, le capitaine sortant, s'est moqué de mon rêve.

- Tu veux être Présidente des Enfants, toi ? T'es cinglée ou quoi ? Tu sais bien que t'as aucune chance. D'abord, tu vis dans le hood. Deuxièmement, t'es une fille. Ça rime pas. T'as pas besoin de moi pour t' le dire, ma vieille ! Il n'y a jamais eu de fille Présidente des Enfants. Pas une seule ! En plus, il faudrait me vaincre d'abord pour prendre ma place de capitaine. Et ça n'arrivera jamais.

J'ai recouvert mon visage afin que Jean ne remarque mes larmes. Je ne pouvais pas le supporter, mais au fond de moi, je savais, qu'en partie, il avait raison. « Mais, qu'en est-il de toutes ces femmes courageuses de l'histoire qui ont accompli ce qu'on leur avait dit être impossible », me suis-je demandé ?

Ce soir-là, je me suis couchée le cœur lourd.

Alors que je tombais finalement dans les bras de Morphée, j'ai traversé un voile blanc où je me trouvais entourée de visages étranges portant de drôles de vêtements. Il me fallut un moment pour réaliser que c'étaient les guerriers qui se sont battus pour la liberté de mon pays.

Soudain, une voix féminine a chuchoté doucement à mes oreilles.

« Tu y arriveras ! C'est le destin qui t'a choisie. Nous avons déjà préparé la voie pour toi. Un millier de pas ont mené là où tu te trouves aujourd'hui. »

Le lendemain, Jean et moi, nous nous sommes affrontés devant toute l'école pour le poste de capitaine de l'équipe.

Jean soutenait la thèse que Dessalines avait joué un rôle bien plus important que Toussaint dans la lutte pour l'indépendance d'Haïti. J'ai rétorqué que l'un était l'œuf et l'autre la poule. Aucun des deux ne pouvait exister sans l'autre, et Haïti non plus.

À la fin de ma réfutation, l'auditoire se mit à applaudir sans arrêt. J'avais gagné le face à face et j'étais devenue la première fille capitaine d'équipe de mon école !

Déçu, Jean a menacé d'abandonner l'équipe, mais je l'ai convaincu qu'il valait mieux rester ensemble, comme l'ont fait Toussaint et Dessalines malgré leurs différences. Il a donc fini par changer d'avis.

En tant que capitaine, je savais que j'avais la tâche d'être le modèle à suivre.

Souvent, après avoir terminé mes tâches ménagères, je passe la nuit à moitié blanche pour étudier.

Avec l'aide d'une vieille lampe à essence – ma maison n'ayant pas eu d'électricité – j'ai lu des livres supplémentaires sur l'histoire relatant le passé de mes ancêtres et sur ma culture. Lentement, mes connaissances ont augmenté, et j'ai encouragé mes coéquipiers à suivre la même voie.

Alors que nos futurs adversaires auraient accès à la technologie, à la richesse de connaissances par les moteurs de recherche sur Internet, nous n'avions que notre bibliothèque municipale, qui était remplie d'anciens livres usagés. Mais cela ne nous imposait pas la défaite.

« Le savoir est universel et ne connaît pas de préjugés », ai-je dit à mes coéquipiers.

« Ils ne sont pas plus intelligents que nous. La seule chose c'est l'exactitude de l'information, et non les moyens dont nous disposons pour l'obtenir. Avec la pratique, du travail ardu et de la concentration, nous pouvons vaincre n'importe quelle équipe. Ne les craignons pas.

Nous sommes avant tout les princesses et les princes de Cité Soleil ! »

Peu après, nous avons défié les meilleures écoles du pays.

Et nous sommes allés de victoire en victoire.

Contre l'institution Saint-Louis de Gonzague, nous avons lancé nos réfutations comme une raquette de tennis, frappant nos adversaires de revers vicieux à l'instar de Naomi Osaka. Nous avons remporté une victoire facile.

Face à l'institution Notre Dame du Cap, nous avons étalé nos arguments dans un mélange de Créole et de Français. Nous avons esquivé les réfutations de nos adversaires avec des prouesses techniques comme celles de Melchie Dumornay, en envoyant notre plaidoirie finale comme un magnifique lob hors de leur portée.

Une nouvelle victoire !

Lorsque nous avons affronté l'institution des Soeurs de la Charité Saint-Louis au troisième tour, nos discours s'enchaînaient comme la prose d'Edwidge Danticat dont les protagonistes résonnent la nature mélancolique mais résiliente du peuple Haïtien. Comme eux, nous n'avons jamais baissé les bras. Nous sommes inébranlables, tout comme nos ancêtres.

Contre Canado en quart de finale, notre rythme était fluide comme la chanson "Dyaman Nan Bidonvil" de ZAFÈM. Avec la guitare magique de Dener Ceide qui remplit le paysage sonore, la chanson compare les enfants des bidonvilles au diamant. Nous avons débattu avec la même passion, nos propos ont attiré les larmes de l'auditoire.

Notre équipe de débat de cinq underdogs a démoli celle du Lycée Alexandre Pétion.

Nos voix ont résonné comme des vaksines, fameuses trompettes en metal et en bambou, instruments mythiques du Rara Haïtien.

Et comme un char de carnaval à forts décibels défilant sur les parvis du Champ-de-Mars, nous avons défié les pronostics et atteint la Grande Finale de la compétition.

Nous avons fait face au Lycée Français d'Haïti, l'établissement qui a remporté le plus de trophées nationaux.

Il avait même vaincu une fois l'un des plus illustres lycées de Paris lors du concours mondial de débat des pays francophones. Une victoire paraissait fort difficile.

Mais soudain, à quelques jours de la finale, nous avons encaissé un coup dur : Jude, l'un de nos meilleurs débatteurs, a été contraint d'abandonner. Son père avait été kidnappé par les gangs et sa famille n'avait pas les moyens de payer la rançon.

Le directeur Fignolé nous a réunis en urgence et nous a motivés en ces mots :

« À ce point, il importe peu l'équipe qui gagnera la finale. Pour Cité Soleil et le pays tout entier, vous avez déjà gagné. En tant que communauté, nous ferons de notre mieux pour venir en aide à la famille de Jude. Votre seule tâche pour l'instant est de clôturer les débats avec une prestation digne des vainqueurs que vous êtes. »

La nuit précédant la finale, trop agitée et effrayée, je n'arrivais pas à fermer l'oeil.

Quand j'ai fini par m'endormir, j'ai vu en rêve le père de la nation, Jean-Jacques Dessalines.

Il m'a parlé avec une détermination calme, mais avec beaucoup de fermeté :

« Nous avons gagné notre indépendance au prix de notre sang. Nombre de mes collègues généraux sont restés sur le champ de bataille, mais nous nous sommes battus jusqu'à la victoire ! Nous l'avons fait pour toi, pour tous les enfants de Cité Soleil et d'Haïti.

Vas-y ma fille, vas-y ! Dis-leur que la rançon de notre indépendance, notre libération des forces coloniales de la France, a freiné la croissance de mes beaux enfants. Pour que ce pays retrouve sa prospérité, la France doit effacer ce crime odieux en restituant sa dette envers notre peuple et notre nation intégralement ! »

La Grande Finale du débat scolaire a été un événement majeur.

Des gens ont parcouru des centaines de kilomètres pour y assister et rencontrer les éventuels futurs dirigeants du pays. Toutes les plateformes de médias sociaux ont retransmis l'événement en temps réel.

Les médias nationaux ont suivi l'événement. L'attente grandit.

L'une après l'autre, les équipes sont éliminées de la compétition. Finalement, il n'en restait que deux.

Notre équipe et celle du Lycée Français d'Haiti se sont installées de chaque coté du podium, sous le regard attentif d'une marée de visages, impatients de savourer un duel de qualité.

À quatre contre cinq, nous les underdogs, étions en infériorité numérique.

Derrière leurs ordinateurs portables rutilants, leurs lunettes de luxe et vêtements de marque, nos adversaires du Lycée Français d'Haiti étaient impatients de célébrer une victoire précoce. Ils croyaient que l'absence de Jude leur donnerait une longueur d'avance à l'approche de la dernière plaidoirie. Soudain, contre toute attente, à la place de Jude, Jean a prononcé un discours passionné sur l'injustice sociale et les disparités entre notre équipe et nos adversaires. Cela a favorisé un score assez serré.

Enfin, l'heure de la dernière plaidoirie a sonné.

L'un des juges a demandé : « Comment réaliser le rêve de nos ancêtres ? » Il m'a appelée en premier à prendre la parole.

J'ai failli piquer une crise cardiaque lorsqu'il a cité mon nom. Je transpirais partout, et j'avais l'impression d'avoir perdu la voix. Je me suis levée et je me suis dirigée vers le microphone. Après un profond soupir et un moment de silence, soudainement une force qui venait de nulle part m'a poussée et j'ai saisi le microphone :

« Si l'éducation est synonyme de liberté, alors notre chère Haïti n'est pas encore tout à fait libre.

Comment chaque enfant peut-il recevoir une éducation si nous ne disposons pas des ressources ? Et si la liberté est un état d'esprit, l'éducation doit être la voie par laquelle elle est atteinte. Jetez un coup d'œil à l'extérieur de ce bâtiment pour voir nos enfants, nos rues et les conditions dans lesquelles les gens vivent ! Nos ancêtres caressaient un rêve. Ils ne voulaient pas seulement que nous soyons libres physiquement, mais libres de devenir maîtres de notre destin !

Notre coéquipier Jude n'est pas avec nous aujourd'hui, car son père a été kidnappé par les gangs. C'est un citoyen honnête qui bossait seize heures tous les jours sur un tap-tap et qui n'arrivait même pas à joindre les deux bouts. Aujourd'hui, sa pauvre famille va devoir vendre tout ce qu'elle possède et contracter des prêts avec de lourds intérêts pour lui sauver la vie. Sinon, ils n'auront jamais les moyens de payer les criminels.

La violence des gangs est un fléau moderne, mais notre peuple n'a-t-il pas toujours été la proie des gangs ? Lorsque les soldats Français sont venus en 1825 et ont menacé de rétablir l'esclavage à moins que nous leur payions une rançon, c'était un acte posé par des gangsters en uniforme. Les membres de la famille de Jude passeront leur vie à payer une dette qu'ils n'ont jamais eue. Et il en va de même pour Haïti.

Souvent les gens se demandent: Pourquoi Haïti est-elle si pauvre ? Je leur lance cette réplique : Pourquoi un puits s'épuise-t-il ?

À force de siphonner, l'on finira par toucher le fond.

Pendant trop longtemps, Haïti fut extorquée et exploitée, ce qui a poussé des gens à se rançonner l'un l'autre.

Nos ennemis nous ont poussés, croyant que tous nos espoirs s'envoleraient. L'argent que nous aurions pu utiliser pour construire une nation prospère, a enrichi de préférence ceux qui ont préalablement humilié, puis volé l'humanité et violé la dignité de nos ancêtres. Ils ont détruit notre avenir et notre liberté. Mais en chacun de nous, il y a un puits si profond que rien ne peut le tarir. Un puits d'espoir. Un puits de rêves. Et avec la connaissance et l'éducation, la liberté sera à nouveau nôtre. »

Un silence de cimetière s'est installé dans l'auditorium. Il n'y a pas eu d'applaudissements cette fois-ci, mais survinrent des soupirs, des tremblements et des larmes.

Les juges nous regardaient, les yeux écarquillés. Auparavant, aucun élève n'oserait opiner sur ce genre de sujets durant les débats.

Le capitaine de l'équipe adverse se leva et se mit à applaudir. Le Lycée Français accepta la défaite.

« Vous faites la fierté de nos ancêtres », ajouta leur capitaine. Tout l'auditoire se leva et se joignit aux applaudissements.

Le jury s'est également levé et m'a couronnée, Françoise Péralte, la princesse de Cité Soleil, comme la nouvelle et première fille Présidente des Enfants du pays. Le rêve que je caressais s'est transformé en réalité.

De retour à la maison, j'ai donné mon trophée à ma mère.

« C'est à toi qu'il revient maman ! » ai-je dit.

J'ai pensé à mon père, qui m'avait toujours dit que j'accomplirais un jour de grandes choses alors que j'étais encore toute petite. Je ne sais comment il l'a su.

Il avait perdu sa vie en se battant pour réaliser son propre rêve : laisser le pays et gagner des sous pour supporter sa famille. Mais l'embarquement d'infortune au bord duquel il était monté n'a pas pu résister à la force des vagues. Donc, il ne pouvait pas en être témoin.

J'ai cueilli la mangue la plus juteuse que j'ai trouvée sur les arbres de l'arrière-cour. Je savais que je devais célébrer avec le plus succulent des fruits, mon préféré. Je l'ai dégusté avec joie, n'épargnant que le noyau.

Puis je l'ai planté dans le sol riche et noirâtre sous mes pieds. Avec un peu d'espoir, d'amour et de soin, il pourrait un jour rendre heureux d'autres enfants aussi friands de mangues comme moi.

Au terme de la grande finale, mon discours a été diffusé à travers tout le pays. En peu de temps, il avait attiré l'attention du reste du monde.

Les gens ont signé des pétitions et ont défilé dans les rues du monde entier. Ils ont exhorté la France à restituer à Haïti la somme qu'elle lui avait imposée en sa totalité.

Les hommes et femmes politiques, les dirigeants ont demandé que justice soit faite pour les crimes historiques commis par la France.

Avec toute une nation derrière moi, la petite fille de Cité Soleil s'est rendue dans la cité antique de l'autre côté de l'Atlantique, Paris. Je me suis entretenue avec le Président Français.

En tant que Présidente des Enfants d'Haiti représentant tous les enfants de ma nation, je lui ai présenté ma requête :

« C'est une obligation morale, Monsieur le Président. Votre pays doit réparer cet acte odieux afin que vous puissiez vraiment devenir ce que vous prétendez être : Le Bastion de la Liberté. Autrement, vous ne le serez jamais. Laissez-moi vous rappeler ce qu'a dit un de vos prédécesseurs, le Président Nicolas Sarkozy : 'Même si je n'ai pas commencé mon mandat au moment de Charles X, je suis quand même responsable de la dette envers Haïti au nom de la France'. »

« Si Paris est la ville de lumière, Port-au-Prince demeure la ville de l'obscurité, de l'insalubrité et de la misère. La vie luxueuse dont vous jouissez est en partie le fruit de la sueur et du sang de mes ancêtres », ai-je déclaré devant le parlement français.

« Je viens réclamer la rançon que nous avons dû payer pour notre indépendance.

Avec cet argent, nous allons finalement construire notre cher pays. Les enfants dans nos rues et dans nos bidonvilles auront un toit sur leur tête, droit à une bonne éducation, des loisirs et tout ce dont les enfants Français jouissent. C'est ainsi que nous parviendrons aussi à résoudre le problème des gangs. Nous construirons des universités, des hôpitaux et des infrastructures routières. Nous investirons dans notre propre développement pour prendre soin de notre peuple. »

Les parlementaires m'ont écoutée attentivement et sur leur visage la tristesse, la colère, mais surtout le gêne étaient visibles. La majorité d'entre eux ont voté en faveur de l'élaboration d'un document pour restituer ce qui est dû à Haïti.

Du jour au lendemain, je suis devenue une figure mondiale.

En France, une grande chaîne de télévision m'a interviewée, puis a organisé un télé-thon qui a permis de récolter des dizaines de milliers d'euros destinés à des programmes d'aide aux enfants des rues et des quartiers défavorisés, les plus vulnérables. Par ailleurs, le monde entier attendait que le gouvernement français prenne une décision finale concernant sa dette morale et financière envers Haïti.

Ma prochaine destination fut les États-Unis. Un journaliste de CNN s'est entretenu avec moi sur ma tournée en France qu'il qualifiait d'héroïque et incroyable. Mais je n'avais pas fini, lui ai-je dit. J'avais l'intention d'aller au Congrès Américain pour présenter ma requête autour de la réserve d'or d'Haïti, emportée par des marines Américains en 1914, sur l'assassinat de mon arrière-grand-père, Charlemagne Péralte et de tous ceux qui ont osé dire non à l'occupation inconstitutionnelle Américaine d'Haïti.

En moins d'un an, le monde a vu que tout était possible pour le peuple Haïtien. Si je pouvais rêver, eux aussi, ils le peuvent encore aujourd'hui.

De retour en Haïti, j'ai emmené l'équipe des débatteurs avec moi sur les plages attrayantes de Port-Salut, dans le sud, grâce à une prime individuelle supplémentaire que j'avais gagnée en devenant Présidente des Enfants.

Jude s'est même joint à nous, l'argent de notre prime collective ayant payé la rançon de son père.

L'eau de la mer et le ciel étaient aussi bleus que nos sourires étaient grands. Un jour, peut-être, le beau sud deviendra l'une des plus grandes destinations touristiques du monde. Pour tout cela, l'éducation donc la liberté, je rêve.

Mots de l'Auteur

Cette histoire a été inspirée à partir de nombreuses questions que je me posais alors que je n'avais qu'environ douze ans. Mon intérêt pour l'histoire a suscité de nombreuses conversations avec mes professeurs après les cours, et elles ont nourri ma curiosité. J'étudiais de longues heures le soir à la faible lumière d'une bougie et j'étais tellement fier de réciter des passages de mémoire le lendemain devant la classe. Après chaque combat, chaque victoire, j'avais hâte de connaître la suite. C'était à peine croyable par exemple, qu'un ancien esclave soit devenu chef et ait la capacité de constituer une armée qui a vaincu l'armée la plus puissante du monde ! J'admirais innocemment ces héros. Après tout, ils me ressemblaient.

La France a contrôlé Saint-Domingue (aujourd'hui Haïti) pendant plus d'un siècle, jusqu'à la fin du dix-huitième siècle. Lorsque les Français ont lâchement pris en otage le général Toussaint Louverture en 1802, Toussaint a averti les soldats Français qu'il n'était qu'un tronc d'arbre qui repousserait par ses nombreuses racines. Moins de deux ans plus tard, l'armée indigène sous la commande du général Jean Jacques Dessalines, a vaincu l'armée de Napoléon Bonaparte, devenant ainsi la première république noire et le seul groupe d'esclaves ayant réussi à avoir combattu et vaincu leurs oppresseurs pour revendiquer leur liberté.

Deux décennies plus tard, en 1825, la France a menacé d'envahir Haiti et de rétablir l'esclavage si le gouvernement Haïtien aurait refusé de payer une indemnité de 21 milliards de dollars, soit jusqu'à 115 milliards de dollars en monnaie d'aujourd'hui selon le New York Times. Pendant 122 années, pour payer la rançon, Haïti était contrainte par la France d'effectuer des prêts auprès des banques françaises avec des intérêts exagérément élevés, le tout représentant 80 % de son PIB par an. Il ne restait presque plus rien pour les infrastructures, les soins de santé ou l'éducation.

Les paysans déjà pauvres ont dû collecter le peu qu'ils avaient en contribution pour payer la France. En outre, les États-Unis ont attendu jusqu'en 1862, soit 58 ans plus tard, pour reconnaître notre indépendance et ont envahi Haïti de 1915 à 1934, se sont emparés de nos réserves d'or et contrôlaient totalement les finances d'Haïti.

À la poursuite du Rêve de mes Ancêtres est le cri des enfants d'Haïti. Par l'intermédiaire de Françoise, une petite fille de Cité Soleil, le monde entendra nos cris pour la justice, la restitution, l'égalité et de notre dignité comme peuple. Chaque enfant d'Haïti a droit aux mêmes opportunités que ceux de Paris et de Washington DC. C'était ça la devise de nos ancêtres.

Françoise, les quatre illustrateurs de ce livre et moi-même, ne sommes que quelques-unes des racines évoquées par Toussaint Louverture.

En son nom et en celui de tous nos ancêtres, d'une voix commune, nous demandons à la France de rembourser intégralement à Haïti la dette qui lui a été imposée après sa libération.

Après deux cents ans de malheur et de marasme économique causés en partie par cet acte immoral, la jeunesse Haïtienne veut repartir à zéro. C'est un appel à la révolution. Notre deuxième révolution. Non pas par les armes ou pour la vengeance, mais cette fois-ci, avec l'espoir d'un retour définitif à la prospérité pour tous les enfants d'Haïti.

À propos de l'auteur

Claude Louis est médecin. Il est le fondateur de Words In Action Haïti. Il écrit des livres pour enfants en Anglais, Français et en Créole Haïtien, sa langue maternelle, afin de partager sa culture et l'histoire de son pays avec le reste du monde. Toutes les recettes provenant de la vente de ses livres vont directement soutenir des projets d'éducation à Kenscoff et dans les zones à risque.

Il est également l'auteur de I'm All Grown Now Papa, When Kais Met Toussaint, Je ne Suis plus un Gamin Papa/Mwen Finn Grandi Net Papa, The Voodoo Princess and the Despicable Troll, La Princesse Vaudou et le Vilain Troll, In Pursuit of my Ancestor's Dream.

Pour en savoir plus, visitez le site www.wiahaiti.org/ Words in Action Facebook/Claude Louis(page facebook de l'auteur).

Plus de livres:

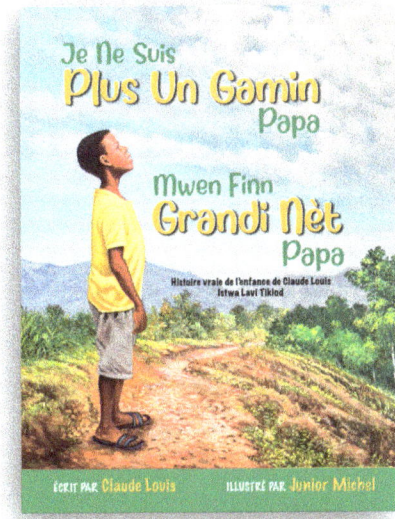
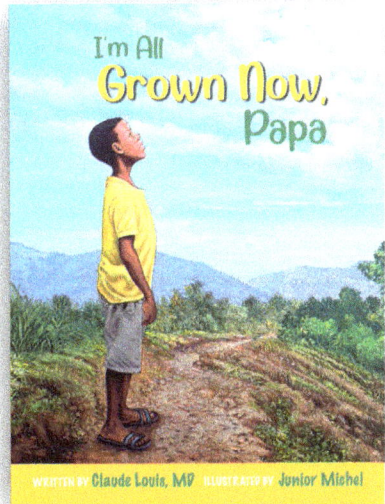
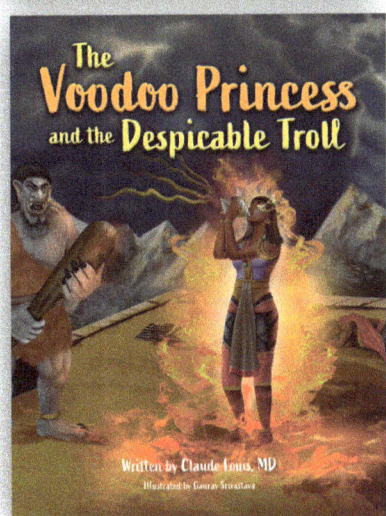

À propos des illustrateurs

Ce livre est illustré par quatre adolescents de Cité Soleil, sous la guidance d'un artiste local.

Par l'intermédiaire de l'école publique de Cité Soleil et l'organisation de jeunesse locale AFORC (Atelier de Formation et de Créativité), un concours de dessin qui a débuté avec une trentaine d'enfants, a abouti à quatre finalistes. Ensuite, un atelier a été organisé tout au long de l'été 2022 jusqu'à l'année académique suivante, la réouverture des classes ayant été reportée à cause de la violence des gangs. Trois jours par semaine, jusqu'à trois cents enfants ont trouvé refuge dans une école où ils se sont amusés, ont joué des sketches de comédie, dessiné, dansé, consommé plusieurs repas, tout en oubliant quoique temporairement leurs préoccupations.

Roblin Pierre Risson ; François Habaccuc ; Charles Alix ; Joseph Edson.

Glossaire

Vaksine : Bambou sculpté utilisé comme instrument de musique.

Champ-de-Mars : Grand parc devant le palais national d'Haïti.

Rara : musique haïtienne où les groupes défilent sur des kilomètres avec de multiples arrêts, tandis que les spectateurs se rassemblent et suivent en chantant et en dansant.

Konpa : Musique de danse originaire d'Haïti.

Tap tap : camionnettes ou bus colorés utilisés comme moyen de transport en Haïti.

ZAFEM : groupe populaire de Konpa fondé par deux amis: le chanteur Réginald Cangé et Dener Ceide.

Hood : ghetto, bidonville.

www.ingramcontent.com/pod-product-compliance
Lightning Source LLC
Chambersburg PA
CBHW061358010526
44107CB00012B/975